星座大戰 4 部曲

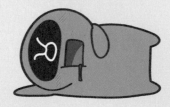

繪／PIEPIE
文／王小亞、幻覺、宅星婆

推薦序

APPLE ♏
〈到處都是瘋女人

瘋狂的人生需要《星座大戰》
為我們指引人生方向，
才能對付哪一個星座，
都能不戰而勝！

知名YouTuber

知名YouTuber

I'M CHAMPION ♎

可愛、幽默風趣的插畫，
精闢詳細的解說，
更加了解生活圈的人事物，
讓星座更貼近生活。

小8（張允曦）♋

如果每個人都看完這本書，
我們就離天下太平不遠惹。

正向陽光女藝人

安格斯 ♐

邊看邊笑邊秒懂，
這本書無疑是十二星人
生活中的那面讀心鏡，
你必須看！

星星教授

紀卜心 ♉

金牛座的日常跟OS也太中肯，
其他十二星座內容也是笑到分手，
一打開看就停不下來無法自拔！

中學生女神

妳看完沒？輪我了！

快啦快啦！

恐龍妹 ♓

如果只能推薦一本星座書，
我會推薦這本*:·\(￣▽￣)/·:*

網Beauty

依字首筆畫排序

星座大戰
④部曲

HELLO，大家好！
感謝大家購買了
我的第四本漫畫。

我是 PIEPIE，
一個集美貌與才華
於一身的漫畫家～

每當完成一本書時，都會像自
己孫子出生的感覺，有著各種
話想和讀者一起分享……

而事實上，都出到第四本了，
要說的也早就說過了，
所以這次就放過我吧！

我猜水瓶座
根本沒看這頁！

本來嘛～

PIEPIE 妳冷靜點，
讀者都在看妳呢！

那妳要我說什麼呢？
要說的早都說過了！

要不妳分享一下
妳最近的事吧！

少女吐槽漫畫　動物科普漫畫　兄貴 BL 畫集　漫畫家日常

說起來，除了星座之外，
最近嘗試了許多不同的
題材呢……然後呢……

※兄貴：在 ACG 文化中指渾身肌肉的猛男。

目錄

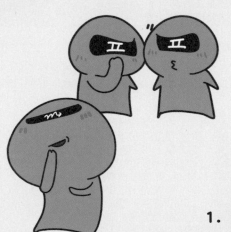

特別專欄：

12星人對12星座戀人的一句吐槽

序幕

鏘鏘，登場！
來認識十二星人吧！

白羊

金牛

雙子

巨蟹

獅子

處女

 白羊座 03月21日－04月19日 火象

Ꝋ **金牛座** 04月20日－05月20日 土象

Ⅱ **雙子座** 05月21日－06月20日 風象

♋ **巨蟹座** 06月21日－07月22日 水象

♌ **獅子座** 07月23日－08月22日 火象

♍ **處女座** 08月23日－09月22日 土象

下一頁！

	天秤座	09月23○–10月22○	風象
♏	天蠍座	10月23○–11月21○	水象
♐	射手座	11月22○–12月21○	火象
♑	摩羯座	12月22○–01月19○	土象
♒	水瓶座	01月20○–02月18○	風象
♓	雙魚座	02月19○–03月20○	水象

♎ 天秤

♏ 天蠍

♐ 射手

♑ 摩羯

♒ 水瓶

♓ 雙魚

白羊座（3/21 ～ 4/19）
外向、開朗，白羊的人生就像是一場派對，有著無限力量永遠向前。

代表人物：鋼鐵人演員
小勞勃・道尼（1965/4/4）

金牛座（4/20 ～ 5/20）
務實、穩重，金牛座其實是審美的行家，別人都說他吝嗇，其實只是不浪費的地球之友。

代表人物：社會學家
馬克思（1818/5/5）

雙子座（5/21 ～ 6/20）
無拘無束，積極樂觀的好奇小寶寶，憑著三寸不爛之舌，能言善辯，行走江湖。

代表人物：福爾摩斯系列作者
柯南・道爾（1895/5/22）

巨蟹座（6/21 ～ 7/22）
善良有同情心的務實派，偶爾喜怒無常會讓旁人害怕。但認識他的都知道他是大好人。

代表人物：樂壇巨星、歌神
張學友（1961/7/10）

下一頁！

獅子座（7/23 ～ 8/22）
熱情、高傲，永遠站在頂尖位置。
在眾人眼中，獅子一直是個華麗
的存在，指引著你走向光明！

代表人物：法國人的皇帝
拿破崙（1769/8/15）

處女座（8/23 ～ 9/22）
邏輯、縝密，責任感強且言出必
行。對外是高標準的實用主義者，
一直是工作上的最佳好夥伴。

代表人物：電學之父
法拉第（1791/9/22）

天秤座（9/23 ～ 10/22）
公平、正義的仁者，重視人與人
之間的和諧包容。天秤大都有著
不錯的外在美～

ALFE
NOBEL

代表人物：諾貝爾獎創立人
諾貝爾（1833/10/21）

天蠍座（10/23 ～ 11/21）
極端、執著的陰謀家，舉止神祕又冷
淡的性格讓人疏離。表面上天蠍孤高
傲遠，其實是在算著一盤很大的棋。

代表人物：鐵拳無敵
孫中山（1866/11/12）

Y
白羊

ŏ
金牛

Ⅱ
雙子

♋
巨蟹

♌
獅子

♍
處女

♎
天秤

♏
天蠍

♐
射手

♑
摩羯

♒
水瓶

♓
雙魚

白羊
金牛
雙子
巨蟹
獅子
處女
天秤
天蠍
射手
摩羯
水瓶
雙魚

射手座（11/22 ～ 12/21）
樂觀、幽默的歡樂好朋友，射手座本身就是消極、悲觀的反義詞。在朋友圈子中永遠是最有力的人。

代表人物：武術家
李小龍（1940/11/27）

摩羯座（12/22 ～ 1/19）
耐性、克制的權威人士，摩羯能付出別人 N 倍的努力，忍受 N 倍的磨練，成為人生贏家。

I HAVE A DREAM

代表人物：人權運動領袖
馬丁・路德・金（1925/1/15）

水瓶座（1/20 ～ 2/18）
前衛、創新的獨行者，直覺強而準。水瓶的創造力讓自己從現實中解放，開闢一個新世界致富。

代表人物：發明大王
愛迪生（1847/2/11）

雙魚座（2/19 ～ 3/20）
溫柔、友善的夢想家。雙魚相當敏感，但也富同情心和想像力，腦子中充滿各種小念頭。

降蟲18掌
打蟲棒法！

代表人物：武俠小說泰斗
金庸（1924/3/10）

美好
誤會篇

白羊真的勇敢？
金牛真的很省錢？
大家是不是有什麼誤會？

♈ 白羊
♉ 金牛
♊ 雙子
♋ 巨蟹
♌ 獅子
♍ 處女
♎ 天秤
♏ 天蠍
♐ 射手
♑ 摩羯
♒ 水瓶
♓ 雙魚

你以為白羊座都很勇敢？

剛才看見你奮不顧身跳到水中救落水兒童，你真的很勇敢耶～

哈哈～小 CASE 呢！

我還跳過火山救落熔岩兒童喔！

KCC

記

真相
其實他們只是性子急到來不及想太多或害怕。

嚇死小寶寶了！！！
一看到就跳下去，都忘了自己不會游泳……
還好死不了！！！

你以為金牛座都很會省錢？

這次旅行我們去小民宿吧！網站介紹說是對老夫婦開的。那間海景房 4000 元一晚還供不應求呢！

那個價錢不去！

別只想著要省錢，大不了我出吧！

真相
其實他們是很會計算 CP 值。

同樣價錢為什麼還要住民宿？住個五星級酒店吃牛排不好嗎？我才不傻，花這麼多錢不睡冷氣房要睡地板！

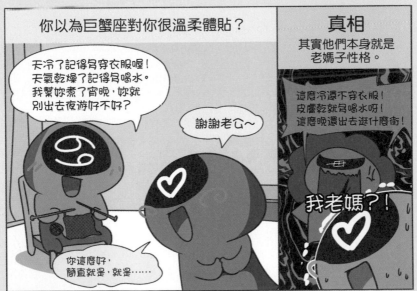

白羊
金牛
雙子
巨蟹
獅子
處女
天秤
天蠍
射手
摩羯
水瓶
雙魚

你以為獅子座是霸道總裁？

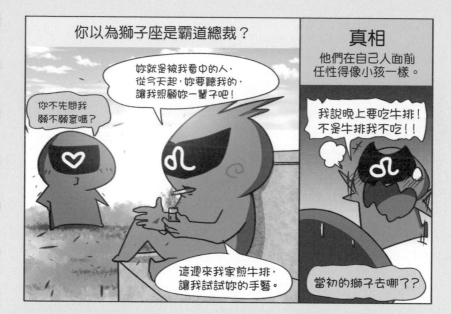

妳就是被我看中的人，從今天起，妳要聽我的，讓我照顧妳一輩子吧！

你不先問我願不願意嗎？

這週來我家煎牛排，讓我試試妳的手藝。

真相

他們在自己人面前任性得像小孩一樣。

我說晚上要吃牛排！不是牛排我不吃！！

當初的獅子去哪了？

你以為處女座對你無微不至？

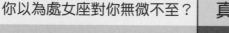

真相 其實他們特別擅長發現生活中的不美好。

妳衣服線頭掉了，脫下來我幫妳辮吧！

這麼貼心，一個是好老公！

親愛的，妳用牙膏忘了蓋上了！還有喔，我發現妳又長一根白髮了！呀，等下出門要不要幫妳買個面霜？我看見妳多了幾條魚尾紋了。

白羊

金牛

雙子

巨蟹

獅子

處女

天秤

天蠍

射手

摩羯

水瓶

雙魚

白羊
金牛
雙子
巨蟹
獅子
處女
天秤
天蠍
射手
摩羯
水瓶
雙魚

下一頁!

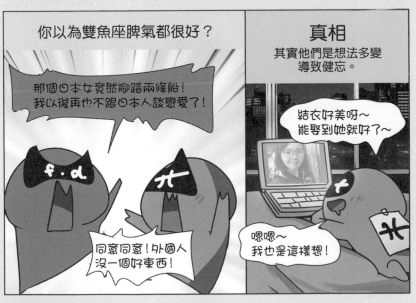

白羊

金牛

雙子

巨蟹

獅子

處女

天秤

天蠍

射手

摩羯

水瓶

雙魚

白羊座對 12 星座戀人的一句吐槽

白羊你又想找我吵架嗎！

金牛你又想宅在家喔……

雙子你決定好了沒！

巨蟹說話能不兜圈子嗎？

獅子不要對我指指點點！

處女，你為什麼
不讓我買！

天秤你已經想了半天啦！

天蠍別老是要我承諾！

射手你又忘記了！

摩羯你有夠無聊……

水瓶你別逃避！

雙魚你好難伺候呀！

不要
不要篇

不要不要還是要、
不要不要就是要、
不要不要我偏要！
叫十二星座不要做一件事，
他們會有怎樣的反應？

告訴白羊座不要
做一件事……

好的……

……我現在就去做～

你聽不懂中文嗎！

告訴金牛座不要
做一件事……

嗯，我不會做的。

告訴雙子座不要
做一件事……

OK！不做！

然後三分鐘後就做了那件事……

告訴巨蟹座不要做一件事⋯⋯

我不需要你告訴我該做什麼！

我愛做啥就做啥！

我就是要按！怎樣怎樣呀！

你憑什麼管我不該做啥！

BOOM

告訴獅子座不要做一件事⋯⋯

哦？

給我舉個說服我的理由，不然我就按下去！你還有9、8、7⋯⋯

告訴處女座不要做一件事⋯⋯

因為我做得不好嗎⋯⋯

白羊
金牛
雙子
巨蟹
獅子
處女
天秤
天蠍
射手
摩羯
水瓶
雙魚

下一頁！

告訴摩羯座不要做一件事……

不做的話我有什麼好處？

告訴水瓶座不要做一件事……

你求我呀！

當你求過水瓶座後……

我沒按～我是用踩的～

告訴雙魚座不要做一件事……

好呀！

我想要這些，記得口紅要7號喔！

白羊
金牛
雙子
巨蟹
獅子
處女
天秤
天蠍
射手
摩羯
水瓶
雙魚

金牛座對 12 星座戀人的一句吐槽

白羊你很吵耶！

金牛我們能不能多點交流！

跟你長得
一樣呢～

雙子不要把揶揄當有趣！

巨蟹你又變臉了！

獅子你好敗家！

處女你可不可以主動點！

天秤啊，愛不能只說不做！

天蠍你做人太複雜了！

射手你別得一想二呀！

才交往就牽手，
還沒結婚就同居，
女生不能這麼隨便！

摩羯你活在咸豐年代嗎！

水瓶你不能腳踏實地，
走正常路嗎！

雙魚我幫你約了明天
兩點的心理醫生！

日常篇

十二星座日常三件事。

白羊
金牛
雙子
巨蟹
獅子
處女
天秤
天蠍
射手
摩羯
水瓶
雙魚

白羊座的日常三對白。

去嗎？

走吧！

那你給我滾遠點！

金牛座的日常三件事。

發呆……

賺錢……

吃什麼好呢？

雙子座的日常三句話。

和你說一件事～

我剛有個想法～

你在幹什麼～

下一頁!

巨蟹座的日常三幻覺。

心情不好……

他不愛我了……

吃什麼好呢!

獅子座的每日三自戀。

看我!

誇我!

我真棒!

處女座的日常三黑臉。

你錯了!

不!

煩死了!

白羊
金牛
雙子
巨蟹
獅子
處女
天秤
天蠍
射手
摩羯
水瓶
雙魚

天秤座的日常三件事。

這個好！

這個不好！

世界和平～

天蠍座的記仇三部曲。

我說了多少遍！

我恨你！

死吧！

射手座的人生三大事。

玩！

旅遊！

酒！

摩羯座的每日三狀態。

累……

必須升職！

我忘了處理這個了！

水瓶座的日常三表情。

無聊…

哈哈哈哈哈哈哈哈哈～

傻╳！

雙魚座的每天三日常。

憂傷……

走神……

買買買！

雙子座對 12 星座戀人的一句吐槽

白羊你可不可以動動腦子!

金牛別把玩笑當真呀!

雙子我們別猜來猜去好不好!

巨蟹你能不能先聽我說幾句……

獅子你是小朋友嗎?

人要懂得藏拙,臉大就別剪短髮,智商低就別急著發表意見!

處女你的毒舌我很受傷……

天秤我們整天黏在一起你不悶嗎?

記得每天都要充電喔~

天蠍呀,你知道什麼是個人隱私嗎?

每天要吃早餐,還有你頭髮太長了,有沒有去倒垃圾? BALABALA……

射手不要每天說教好嗎?

摩羯你笑一個行嗎?

水瓶雖然你真的好吸引我,但能不能正常一點!

雙魚你能解釋一下嗎?

主婦篇

十二星座婚後是
什麼類型的妻子～
來偷看人妻的
生活日記吧！

-4-

白羊
金牛
雙子
巨蟹
獅子
處女
天秤
天蠍
射手
摩羯
水瓶
雙魚

養豬組：婚後老公都會肥一大圈。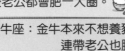

金牛座：金牛本來不想養豬，但自己太愛到處吃，
連帶老公也胖了起來。

再來一盤
五花肉～

……

巨蟹座：把老公養得肥肥白白視為己任。

接下來上甜點～

老公你等一下～
我拍完你就可以吃了！

處女座：忍不住自己動手把家事全做好，
也把飯煮好了～順便把老公給閒胖了。

老婆，我來幫妳吧～

你掃得不乾淨！

坐下來吃飯
就可以了。

慢慢吃喔～
廚房還有～

幫夫組：愛一個人就是要讓他變得更好。

※DOTA：多人線上戰鬥競技遊戲。

白羊
金牛
雙子
巨蟹
獅子
處女
天秤
天蠍
射手
摩羯
水瓶
雙魚

放羊組：只要我高興，你隨意。

巨蟹座對 12 星座戀人的一句吐槽

白羊你對我太粗魯了!

金牛你打開一下天線,別假裝聽不懂我說什麼!

雙子你說這麼多、做這麼少,好意思嗎?

巨蟹你是最完美的情人,只要不那麼情緒化就好了!

獅子每天表白不愛有這麼難嗎!

處女你挑剔夠了!

天秤你能不能投入點!

天蠍你有種一輩子都不跟我說話……(哭)

射手你人在哪呀!?

摩羯你是全宇宙最不懂浪漫的人了吧!

水瓶你知道「安全感」這三個字怎麼寫嗎?

雙魚我不懂你要什麼愛。

婆婆篇

十二星座婆婆，
誰的戰鬥力最強！

最難應付的婆婆：

放羊婆婆：

白羊
金牛
雙子
巨蟹
獅子
處女
天秤
天蠍
射手
摩羯
水瓶
雙魚

全靠眼緣的婆婆：

白羊座：第一印象好不好很重要，第一眼 OK 以後就萬事 OK！

屁股這麼大，將來一定生男孩！

哪泥？

來來來～給妳紅包～

金牛座：有些固執，觀念合不合很重要。（如果和金牛婆婆日常習慣、觀念差不多，就能處得來。如果觀念有差異，對方會完全無法溝通。）

媽！可是我已經兩天沒洗頭了！！

妳剛剛生完小孩！一個月內不能碰水！

醫生說沒問題的！不清潔才會生病！

反正就是不可以！

雙魚座：通常挺好相處的，但可能會無緣無故的不喜歡妳。

我才不跟投票給國文黨的人說話！

婆婆！我做錯什麼了？妳為啥不看我！

只喜歡優質女的婆婆：

獅子座：帶出去長臉，但又不能蓋過自己的風頭。

妳媳婦真好看！妳們看起來就像姐妹一樣，還自帶濾鏡特效呢～

什麼叫福氣好！不是該說應該嗎！難道想說我高攀了？

妳有這媳婦真是好福氣呀～

哈哈哈～

來來來～我知道一個地方，買東西超便宜的！

謝謝婆婆！

火星有個商店，東西全部免費，妳回火星吧！

天秤座：喜歡長得好看素質又高的。

妳連畫風都不一樣！

摩羯座：喜歡賢妻良母、情緒穩定的。

妳這個大懶蟲！睡到中午！

太陽都下山了！還吃午餐？

妳幫我掃地，真乖～

一家人不用客氣～

好睏啊～幫我煮個午餐吧～

白羊
金牛
雙子
巨蟹
獅子
處女
天秤
天蠍
射手
摩羯
水瓶
雙魚

獅子座對 12 星座戀人的一句吐槽

白羊你說話不能留點面子給我嗎！

金牛我用自己的錢買東西就不要管了好不好！

雙子你看起來很不可靠……

啊不就好棒棒～

巨蟹你不能誇一下我嗎？

獅子你是配角，我才是主角呀！

處女你不懂風情。

2007年偷吃蛋糕

有什麼了不起嘛～

天秤你別老是翻舊帳！

天蠍你別老是潑我冷水！

射手你給我安份點！

摩羯別老是耍自閉。

水瓶你用地球語慢慢解釋一次可以嗎？

雙魚你想要什麼不能直接說嗎？

表白 速度篇

十二星座如果遇到真命天女，
誰是秒速表白王！

白羊

金牛

雙子

巨蟹

獅子

處女

天秤

天蠍

射手

摩羯

水瓶

雙魚

1
st
隨時表白組

2
nd
有感覺就表白組

3
rd
有信心成功就表白組

下一頁！

下一頁！

4th 暗示表白組

5th 暖男萬年備胎組

？？各種拿不定主意組

白羊
金牛
雙子
巨蟹
獅子
處女
天秤
天蠍
射手
摩羯
水瓶
雙魚

白羊
金牛
雙子
巨蟹
獅子
處女
天秤
天蠍
射手
摩羯
水瓶
雙魚

吊車尾不敢表白組

PS 如果妳對摩羯也有意思，記得主動一點喔！

初戀
回憶篇

一起來看看十二星座男
會帶給妳
怎樣的初戀故事吧～

與白羊座的初戀回憶

白羊座是運動冠軍，大家都迷戀他，交往後會帶著妳到處玩，
但後來劈腿另一個粉絲，是開心又傷心的回憶。

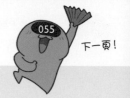
與金牛座的初戀回憶

白羊

金牛

雙子

巨蟹

獅子

處女

天秤

天蠍

射手

摩羯

水瓶

雙魚

金牛座一開始是萬年備胎好朋友，某次失戀後察覺陪在身邊的一直都是他，給人安全可靠的感覺。但交往後卻發現他非常固執，總想改變對方。

與雙子座的初戀回憶

學長！
我超喜歡你的！
能和我交往嗎？

好的～其實我也一直
有注意到妳呢～

明天我有點事
就不陪妳了。

呀！原來你
是陪她！

那個人是誰！

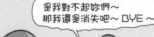

是我對不起妳們～
那我還是消失吧～ BYE ～

壞人……

雙子座是臭名昭彰的萬人迷，就是一個花花公子，
同時傷了好幾個女孩的心，最後只會記得他還挺可愛。

下一頁！

與巨蟹座的初戀回憶

咦？誰給我情書呢？

LUCKY～
竟然有把雨傘！
真是太幸運了～

誰的衣服呢？

都不出現，
我哪知道是誰……

一段時間後

莫非是某某？
但又不像呢……

巨蟹座總是默默付出不被看見，
好不容易終於發現他的情感時，卻再也找不回他。

金牛

雙子

巨蟹

獅子

處女

天秤

天蠍

射手

摩羯

水瓶

雙魚

白羊
金牛
雙子
巨蟹
獅子
處女
天秤
天蠍
射手
摩羯
水瓶
雙魚

與獅子座的初戀回憶

獅子座是學生會明星或班上焦點人物，會送美好難忘的
禮物，然後就沒有然後了，之後也想不起，這個人後來怎麼了。

下一頁！

與處女座的初戀回憶

好無聊呀……
好男人都死光了嗎？

我介紹個好男人給妳認識吧！
人人都稱讚的好人呢～

是嗎～好呀！

不是說約在這邊嗎？
奇怪了？？

HI～妳就是小美嗎？

雖然你人很好，
可是我們真的不適合。

嗯，妳也不是我那杯茶。

我還是習慣向左走……

我也是想向右走……

再見了……

保重了……

處女座是朋友介紹的好男生，大家都喜歡他，
人也蠻好的，只是沒有產生戀愛的火花。

♈ 白羊
♉ 金牛
♊ 雙子
♋ 巨蟹
♌ 獅子
♍ 處女
♎ 天秤
♏ 天蠍
♐ 射手
♑ 摩羯
♒ 水瓶
♓ 雙魚

與天秤座的初戀回憶

我生命中的公主！
妳願意和我在一起嗎？

天秤座是個浪漫美少年，
跟他在一起的時候就像電影，兩人一起做很多浪漫的事。

與天蠍座的初戀回憶

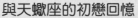

> 天蠍學長！請你跟我交往好嗎？

> 如果是妳的話可以喔！

> 你說結婚之後生多少個小孩好？

> 以後我們有了孩子，我想叫他仁生。

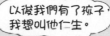

> 由我負責工作，妳在家照顧小孩就好了～

> 我也可以出來工作呀，減輕你負擔呢～

> 做我的女人，好好休息就行了！

> 才不會呢！我要跟你一輩子！

> 不過我想妳終究會離我而去的……

> 如果當初我們在一起，不知道現在的生活又會變得怎樣……

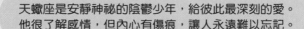

天蠍座是安靜神祕的陰鬱少年，給彼此最深刻的愛。
他很了解感情，但內心有傷痕，讓人永遠難以忘記。

白羊　金牛　雙子　巨蟹　獅子　處女　天秤　天蠍　射手　摩羯　水瓶　雙魚

與射手座的初戀回憶

有一個人叫小蔡，然後他就被端走了。

哈哈，這個我聽過！

你知道川普跌倒了會變什麼嗎？

哈哈哈哈哈哈哈哈哈哈哈哈哈哈哈哈哈哈哈哈哈！

答案是～～三普。

這裡就是澳門嗎？好漂亮呀！

石歧乳鴿真好吃耶～

我要去澳洲打工度假！妳要不要跟我一起去？

可是……

那我去那邊等妳吧～到時再寄明信片給妳～

他大概早就忘了我吧……

射手座很幽默，總是讓人開懷大笑，
喜歡四處遊玩，後來也繼續在外地到處闖。

下一頁！

與摩羯座的初戀回憶

失戀了，沒動力……

別把這個當藉口
快點念書吧！

上一期的負債魔王
你看了嗎？

超有趣呢～

你買手機了嗎？
真好耶～我媽
不讓我買～

沒有啦～
是我打工買的。

你參加了什麼社團？
我的漫畫社好棒呢！
睫毛人很好啦～

我這邊的漫畫社
也不錯啦～

聽說你去當老師了，
還真是符合你的性格，
最近怎麼樣了？

還是那樣子吧～對了
要不要出來喝一杯？

這麼說妳可能不相信，
其實我早就認定妳是
我將來的新娘了～

傻瓜～哪有人
沒花沒戒指就
來求婚的～

我在市郊買了房，
年薪也超過百萬了，
我想，是時候結婚，
妳願意嫁給我嗎？

摩羯座從小到大都是好同學、好朋友，後來才知道
他早就認定了這一個女孩，只是等一切穩定了就結婚。

白羊
金牛
雙子
巨蟹
獅子
處女
天秤
天蠍
射手
摩羯
水瓶
雙魚

白羊
金牛
雙子
巨蟹
獅子
處女
天秤
天蠍
射手
摩羯
水瓶
雙魚

與水瓶座的初戀回憶

一起騎車去臺中玩吧！

可是我家人不讓我去那麼遠的地方耶……

妳都 16 歲了～還想當媽寶嗎？

那晚上要回來喔～

十年後

想起那時候妳真的是超土耶～

你也是一樣啦！根本沒長大過好不好！

學生時代被水瓶座帶著「離家出去」到處玩樂，是個讓
父母不放心的「壞男生」，最終也沒有變成情侶，但一直都是好朋友。

下一頁!

與雙魚座的初戀回憶

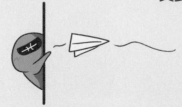

> 我愛妳～愛著妳～
> 就像亞力愛卡文～

> 傻瓜卡～

> 問我愛～妳有多深～
> 就像太平洋那麼深～

> 你也太誇張了吧～

> 我會一直一直愛妳的～

> 真的嗎?
> 不可以隨便說喔!

雙魚座會為初戀女友寫歌～寫詩～
即使分開了,還是會繼續為她寫歌寫故事。

右側星座欄:
白羊 金牛 雙子 巨蟹 獅子 處女 天秤 天蠍 射手 摩羯 水瓶 **雙魚**

處女座對 12 星座戀人的一句吐槽

白羊你記憶有 7 秒嗎……

金牛你這個固執大蠻牛！

雙子你除了耍耍嘴皮子還會什麼！

巨蟹你自怨自艾個屁呀！

獅子你說話太浮誇了！

處女你錯了！不！你真的錯了！

天秤你很沒誠意……

天蠍你再挑釁就死定了！

射手你哪來的自信！

明年再說吧～

摩羯我們什麼時候能發展下一階段？

水瓶我們畫風差距越來越大了……

雙魚你很難捉摸耶！

戀愛篇

和十二星座談戀愛是
怎樣的感覺～
讓我們一起來看看吧！

白羊
金牛
雙子
巨蟹
獅子
處女
天秤
天蠍
射手
摩羯
水瓶
雙魚

和白羊座談戀愛：
總是吵吵鬧鬧的。

當然是鋼鐵人最強啦！
美國隊長怎麼比得了？

鋼鐵人不過是個
凡人！你才不懂！

妳第一，鋼鐵人第二，
雷神第三，美國隊長第四吧。

不逗你玩了～
傻瓜～

我跟鋼鐵人
哪個更重要？

妳這樣我沒辦法
跟妳交往了！

但發自內心知道白羊座愛自己。

和金牛座談戀愛：
總是抱在一起。

愛妳～～～
想妳～想抱著妳～

老婆老婆～～

怎麼了？

好啦好啦～
你不害羞嗎？

金牛座會利用各種機會
說他愛妳。

和雙子座談戀愛：
忽冷忽熱，不太認真的樣子。

我跟肥森去喝酒啦～
妳先睡吧～

呀！救命呀！
有老鼠！

我來保護妳！
妳快退後！
馬上出門報警！

但妳最需要他的時候
一定會出現。

和巨蟹座談戀愛：
支持妳、重視妳做的任何事情

加油喔～辛苦妳了～
每天加班寫程式～

有你陪我不辛苦，
那我繼續工作了，
你早點睡吧！

怎麼寫了一整晚還不休息？
難道我已經沒有魅力了嗎？

受到忽略時會情緒低落，
懷疑自己。

♈ 白羊
♉ 金牛
♊ 雙子
♋ 巨蟹
♌ 獅子
♍ 處女
♎ 天秤
♏ 天蠍
♐ 射手
♑ 摩羯
♒ 水瓶
♓ 雙魚

下一頁!

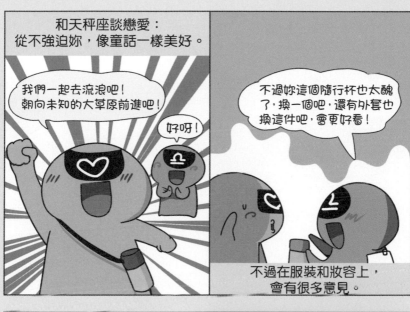

和天秤座談戀愛：
從不強迫妳，像童話一樣美好。

我們一起去流浪吧！
朝向未知的大草原前進吧！

好呀！

不過妳這個隨行杯也太醜
了，換一個吧，還有外套也
換這件吧，會更好看！

不過在服裝和妝容上，
會有很多意見。

和天蠍座談戀愛：
總是在意妳跟別人的關係。

那個小樹是誰，
為啥每天都來按讚？

傻瓜，想太多了吧！
那是我表哥啦～

不許妳勾三搭四！
妳只可以愛我一個！
我也只愛妳一個！

嗯嗯～

然後還是會偷偷在背後
調查妳的社群軟體帳號……

白羊
金牛
雙子
巨蟹
獅子
處女
天秤
天蠍
射手
摩羯
水瓶
雙魚

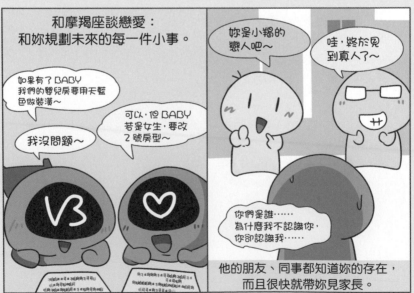

073 下一頁！

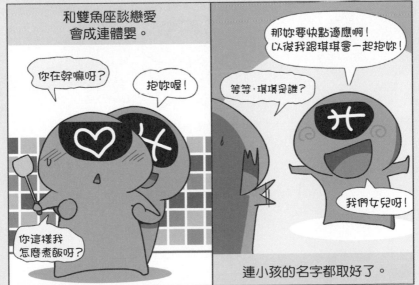

白羊
金牛
雙子
巨蟹
獅子
處女
天秤
天蠍
射手
摩羯
水瓶
雙魚

天秤座對 12 星座戀人的一句吐槽

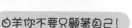

白羊你不要只顧著自己！

金牛跟你約會很無趣！

雙子別再問問題行不行！

巨蟹我覺得你很不理智！

獅子你熱情過頭了！

處女你疑心病太重了吧！

天秤自己做決定好嗎！

天蠍別再偷看我日記！

射手能先動動腦子嗎？

摩羯品味有點低耶……

水瓶你很白爛！

雙魚我們冷靜談談好嗎！

拋棄篇

當十二星座被拋棄時，
他們會怎樣活下去？
讓我們一起來看看吧！

白羊座：消失，再也沒有音訊。

金牛座：沒有愛只剩下錢，吃完、花完就去賺錢和賺錢。

男裝 AIDS 皮鞋 1 折轉讓！

好啊！我正想去散心～

這裡有張外國機票，半價賣你吧！

雙子座：去外地旅行一段時間。

你們不要唱歌了，讓我一個人靜靜吧！

我不是去北美嗎？怎麼這麼熱？

巨蟹座拋棄五部曲。

序曲：喝酒喝酒喝酒。

前奏：哭哭哭。

夜曲：求復合。

進行曲：重新開始。

變奏曲：你去屎吧！

白羊
金牛
雙子
巨蟹
獅子
處女
天秤
天蠍
射手
摩羯
水瓶
雙魚

下一頁!

天秤座：沒什麼事，和備胎在一起。

哈哈哈哈哈！

你怎樣這麼久沒約我～我都以為你把我忘了！

天蠍座：糾纏到底問清楚為什麼。

你是不是有別的女人！

你不說清楚我不走！

分手也要說清楚！

我們分手了！

這個和妳沒關係呀！

射手座：沒什麼事，到了晚上忍不住在被窩裡笑出來。

♈ 白羊
♉ 金牛
♊ 雙子
♋ 巨蟹
♌ 獅子
♍ 處女
♎ 天秤
♏ 天蠍
♐ 射手
♑ 摩羯
♒ 水瓶
♓ 雙魚

白羊
金牛
雙子
巨蟹
獅子
處女
天秤
天蠍
射手
摩羯
水瓶
雙魚

摩羯：發誓再也不談戀愛了！

單身才是王道！

然後偷偷的算命……
看看是不是注定孤老終生。

水瓶座：沉迷於遊戲一段時間。

雙魚座：哭哭哭→求復合→消失→恨對方一輩子。

人渣誠！
你去死吧～

渣男篇

當十二星座婚後
遇上渣男
會怎麼做呢？
一起來看看吧！！

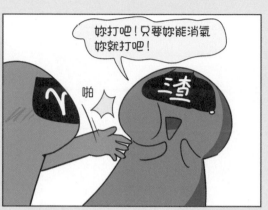

白羊

金牛

雙子

巨蟹

獅子

處女

天秤

天蠍

射手

摩羯

水瓶

雙魚

對不起！我只是一時偷玩！請妳原諒我吧！

妳打吧！只要妳能消氣妳就打吧！

啪

對不起，打完後就不要生氣囉～

你去死吧！

白羊座：先打到對方不能自理再說。

白羊
金牛
雙子
巨蟹
獅子
處女
天秤
天蠍
射手
摩羯
水瓶
雙魚

雙子座：想法一天三變，自己都想不清。

下一頁!

你既然要這樣子，我走！
但你以後休想再見到你兒子！

三查

無所謂，走吧！
別老是煩我！

兒子，都怪你老爸，
是這個臭男人害我們
這麼辛苦的！

兒子，你不要學你爸，
花心的男人會下地獄的！

兒子，要不是你
老爸，我們用不著
這樣過生活……

我沒你這老爸！
你走開！

兒子！十年沒見！
難道你不想我嗎？

三渣

巨蟹座：離間孩子和父親，讓爸爸在孩子心裡失去地位。

♈ 白羊
♉ 金牛
♊ 雙子
♋ 巨蟹
♌ 獅子
♍ 處女
♎ 天秤
♏ 天蠍
♐ 射手
♑ 摩羯
♒ 水瓶
♓ 雙魚

白羊
金牛
雙子
巨蟹
獅子
處女
天秤
天蠍
射手
摩羯
水瓶
雙魚

妳這個蓬瞇瞇！
我要去賭馬了！
不想再看到妳！

不賭哪有錢！

你想餓死我嗎？
吃飯的錢都沒了！

你再賭就別回來！

那個……
需不需要幫忙呢？

啊！隔壁的
花太太嗎？

沒有啦～我們兩人在耍嘴皮子，
這是我們的溝通方法啦～

可是他吃軟飯，又拿妳的錢去賭！

那是投資啦！

但他不工作，還打妳耶！

他有才華的，
就是欠機會
才不開心～

他出軌了！

他只愛我一個～

這是有病吧！

獅子座：堅決不承認自己看走了眼，會自我安慰死撐下去。
（但實在撐不下去的時候反而會很絕情。）

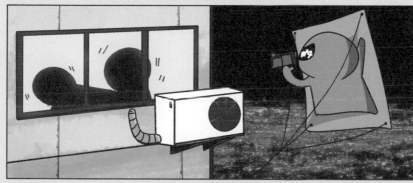

白羊

金牛

雙子

巨蟹

獅子

處女

天秤

天蠍

射手

摩羯

水瓶

雙魚

白羊 金牛 雙子 巨蟹 獅子 處女 天秤 天蠍 射手 摩羯 水瓶 雙魚

別傷心了～送你一頂帽子吧!

我得罪了不該得罪的人……我錯了……我錯了……

天蠍座：比對方更渣，報復夠了再甩了對方。

白羊
金牛
雙子
巨蟹
獅子
處女
天秤
天蠍
射手
摩羯
水瓶
雙魚

射手座：先大鬧一通再離婚。

人渣男

渣男去死吧

說離就離不能便宜了你！
我不開心你也別想有好日子！

妳不是答應離婚了嗎？
這是做什麼！

我的模型
閃卡全沒了！
還跑去我家鬧
妳想怎樣！

有小孩的摩羯	沒小孩的摩羯

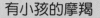

摩羯座：儘管在愛情上失敗，摩羯會在其他地方努力以獲得回報。

♈ 白羊
♉ 金牛
♊ 雙子
♋ 巨蟹
♌ 獅子
♍ 處女
♎ 天秤
♏ 天蠍
♐ 射手
♑ 摩羯
♒ 水瓶
♓ 雙魚

那個臭男人壞傢伙!當年不知為啥瞎了眼竟然會喜歡他!

讓過去的過去吧!那他欠妳的都還給妳了嗎?

那種人恨不得他快點死!

不能讓他佔便宜!

怎樣才能逼他賠償我?

妳可以要他簽協議書,不然就去他公司吵!

其實他也還好啦～我叫他把欠我的東西還我時也很爽快,只說對那臺跑車還有感情,希望留給他～

妳傻了嗎!

其實他有時候真的不錯,只要他肯改就好了～

妳是來逗我玩的嗎?

雙魚座:讓大家陪她一起煩惱。

白羊 金牛 雙子 巨蟹 獅子 處女 天秤 天蠍 射手 摩羯 水瓶 雙魚

天蠍座對 12 星座戀人的一句吐槽

白羊我們默契有點低……

這個東西要 1 萬元？

金牛你好膚淺……

如果有人能有張學友一半貼心就好～

雙子你常常挑釁我算什麼意思呀！

巨蟹你不開心就說呀！

不要不要！反正就不要！

我不要去看恐怖片！

獅子你倔強什麼呀！

佛說摩訶般若波羅蜜多
是大神咒 是大明咒
以無所得故
度一切苦厄
不生不滅
無眼界
即說咒曰 揭諦 揭諦 波

處女你的靜音鍵在哪？

說好每人一包！這是我的呀！

天秤讓我一下會死嗎！

天蠍我們休戰吧！

射手我抓不住你！

摩羯你在防著我嗎？

你想吞了～

水瓶別擅包拿我東西，尊重我一點好嗎？

力道 OK 嗎？

嗯嗯～好舒服呢！

雙魚你幹嘛對別人這麼好？

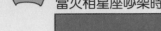

白羊

金牛

雙子

巨蟹

獅子

處女

天秤

天蠍

射手

摩羯

水瓶

雙魚

當火相星座吵架時：

幹你媽的В！
你算三小呀！
去你媽的！
給老子滾遠點！

吵架白羊座會飆髒話。

你以後再也不要
踏進這門半步！
否則我一定打死你！

吵架獅子座會說狠話。

「借」你的牙刷用用～
要怪就怪你自己！

吵架射手座會報復。

下一頁！

當火相星座吵完架後

當土相星座吵架時：

白羊
金牛
雙子
巨蟹
獅子
處女
天秤
天蠍
射手
摩羯
水瓶
雙魚

你是豬！大蠢豬！
用脂肪思考的豬！

金牛座吵起來會汙辱你。

你閉嘴！給我閉嘴！
他媽的閉嘴！
我不想跟你說話！
不想聽你說話！
你閉嘴然後去死吧！

處女座吵起來黑臉不鳥你。

我舉個例子呀～你老是在房間放
屁！還有每次都不好好洗碗，摸
起來還是油油的好嗎！？最過分
的是廁所！大便還不沖！！你說
你說你說！你有什麼好解釋呀？

摩羯座吵起來舉例批評你。

當土相星座吵完架後

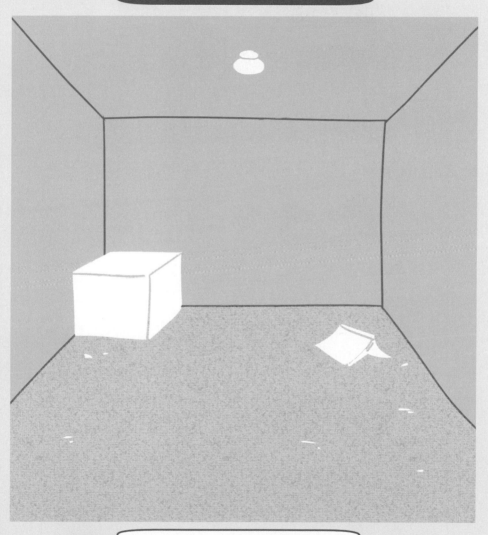

土相吵架：不吵不跪不見了。

當風相星座吵架時：

你上次不就這樣對我，怎麼這次變成是我的錯！你才是豬！你才不是人！

雙子座說你以前也是這樣，並用當時的原話反擊！

你去年在臺中不也因為火車誤點大發脾氣？還有前年情人節答應的事怎麼又忘了！還有呀，上星期約會你也遲到一個小時好嗎！

天秤座一吵起來就會翻舊帳。

你是未進化的大猩猩吧！你這白癡智障大野人！學會直立行走再跟我說吧！

水瓶座恥笑你智商低。

下一頁！

當風相吵完第一波後

 風相吵架：先跪後吵再翻臉。

當水相星座吵架時：

那傢伙自私又小氣，連五塊錢都要跟我算清楚！

五塊錢耶！！我直接拿五十塊丟他臉上！

巨蟹座背後說你壞話。

你都沒有為我想！簡直不是人！你早晚會被雷劈死的！

天蠍座罵你不是人。

每次都這樣算什麼！你就走呀！除了走你還會什麼！笨蛋！大笨蛋！！

雙魚座聲淚俱下控訴你。

當水相吵完架後

你什麼都不用說了……

我的心都碎成渣了……

 Pie

水相吵架：先吵後哭永不跪
再不道歉你將永遠失去寶寶。

射手座對 12 星座戀人的一句吐槽

白羊你有點笨（笑）。

金牛小事就別在意～

雙子你別一言不合又分手！

巨蟹需要幫你叫醫生嗎？

獅子你再管我就分手！

處女活在當下不好嗎？

天秤隨便選一個啦！

天蠍我不是你的擁有物！

射手我們明天起
要吃空氣當晚餐了⋯⋯

摩羯你臉好黑⋯⋯

水瓶你 3 歲小孩嗎？

雙魚等你知道想要什麼
再跟我說話好不好！

崩潰篇

有什麼東西能讓十二星座
崩潰、痛哭、生不如死？
一起來崩潰一次吧！

火相組：崩潰點都是行動上受挫。 🛑

白羊座：手機上吵架。（崩潰點：居然不能真的打一架！）

你這個低能兒單細胞生物！

只懂暴力不懂思考！

白羊你這傢伙是未進化的猩猩吧！

閉嘴！如果讓我見到你一定要打死你！

打字煩死了！

獅子座：被要求反省。（崩潰點：我不可能有錯！）

這是什麼報告！好好反省一下，重做一次吧！

BOSS

真不知道你在搞什麼！

射手座：別人告訴我怎麼做。（崩潰點：我原本就知道這樣做！）

點一下這個圖標就可以開始上網了。

我不用你教呀！

如果要關機，按一下右下角就可以了。

土相組：崩潰點都是很具體的事。

金牛座：充電線太短。（崩潰點：竟然不能躺著玩手機！）

處女座：別人隨意碰自己的東西。（崩潰點：會弄上汙漬的！混帳！）

老姐～今天來妳家睡一下～明天我就走了～

摩羯座：截止日期將近。（崩潰點：日期越近越害怕出錯，不能正常發揮。）

還剩 2 天……
只要我一天寫
200 頁就可以了
呵呵呵～
一定沒問題的……

白羊

金牛

雙子

巨蟹

獅子

處女

天秤

天蠍

射手

摩羯

水瓶

雙魚

風相組：各種看起來沒道理的無厘頭原因。

雙子座：GET 不到笑點的人。（崩潰點：笑話解釋了就不好笑了！）

從前有個王子？
死了？
怎麼死的？

這不是重點！
是這麼快就死了！

病死的嗎？
好可憐
呀……

重點不是病！
你懂不懂呀！

天秤座：有人說話聲音大。（崩潰點：要吵架嗎？）

喂！那個醬油
幫我拿過來！

喂！叫你呢！
幫幫忙呀！

這麼大聲幹嘛？
我又不是聾的！

水瓶座：別人和我喜歡一樣的東西。（崩潰點：原本只有我知道的！）

這個大便帽
果然好有趣！

上星期我看電視發現
的，頂著個屎好好玩！

你們不許學我！

水相組：各種大中小事情都能讓水相組崩潰爆炸。 ？？？

巨蟹座：任何小事情。（崩潰點：我整個人都不好了！）

為什麼麵包上有芝麻呀！

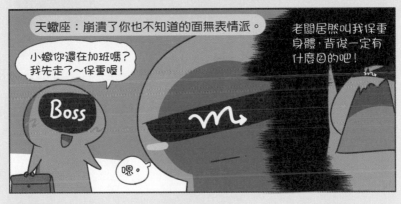

天蠍座：崩潰了你也不知道的面無表情派。

老闆居然叫我保重身體，背後一定有什麼圖的吧！

小蠍你還在加班嗎？我先走了～保重喔！

Boss

嗯。

雙魚座：隨時隨地都可以崩潰。（崩潰點：反正感覺不對就爆炸！）

晚餐吃日本料理吧！

怎麼又是日本料理！你不喜歡我了嗎！？

Bf

Bf

最討厭你了！我恨你！！

白羊

金牛

雙子

巨蟹

獅子

處女

天秤

天蠍

射手

摩羯

水瓶

雙魚

摩羯座對 12 星座戀人的一句吐槽

白羊你又不跟著劇本走！

金牛別擅自決定一切！

雙子你堅強一點好不！

巨蟹你知道浪漫
不能當飯吃這道理嗎！

獅子你知道適可而止
是什麼意思嗎？

處女少點批評行不行……

天秤別再拖了，
做事爽快點！

天蠍別老想著這件事！

射手我對我們的
未來很不樂觀……

摩羯你不主動，
我也不會主動喔……

水瓶你什麼時候
才會長大！

雙魚我不明白你在生什麼氣？

八卦篇

當十二星座聊起八卦來，
誰最愛說是非，
誰最狀況外？

♈ 白羊
♉ 金牛
♊ 雙子
♋ 巨蟹
♌ 獅子
♍ 處女
♎ 天秤
♏ 天蠍
♐ 射手
♑ 摩羯
♒ 水瓶
♓ 雙魚

白羊座：反應最大的一個，第一時間通知所有朋友。

金牛座：八卦消息絕緣體，朋友圈裡最晚知道八卦的人。

雙子座：不管八卦真假，先跟風再說。

巨蟹座：只對感情八卦感興趣。

隔壁張大媽的兒子考上了賓州大學呢！

真厲害耶～

聽說樓下楊小姐的老公喜歡上男人，要跟她離婚了！

活該呀～

說勻點？

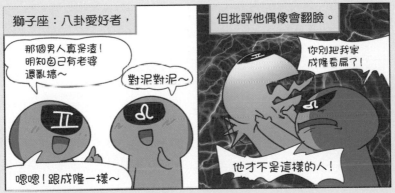

獅子座：八卦愛好者，

那個男人真是渣！明知自己有老婆還亂搞～

對泥對泥～

嗯嗯！跟成隆一樣～

但批評他偶像會翻臉。

你別把我家成隆看扁了！

他才不是這樣的人！

處女座：善於從細節中發現鐵證，八卦的最大爆料者。

上次元旦假期我看他們雙方的自拍，背景竟然是一樣的，說明那時他們一定是一起出去旅遊的！

這兩人一定有一腿～

A君和B女在一起了！你知不知道！

白羊

金牛

雙子

巨蟹

獅子

處女

天秤

天蠍

射手

摩羯

水瓶

雙魚

♈ 白羊
♉ 金牛
♊ 雙子
♋ 巨蟹
♌ 獅子
♍ 處女
♎ 天秤
♏ 天蠍
♐ 射手
♑ 摩羯
♒ 水瓶
♓ 雙魚

下一頁!

摩羯座：嘴上滴水不漏不說八卦，其實心裡期望對方多爆料給自己。

水瓶座：聽個八卦還愛表現得高人一等。

雙魚座：腦補更多的劇情，然後再傳播出去。

白羊
金牛
雙子
巨蟹
獅子
處女
天秤
天蠍
射手
摩羯
水瓶
雙魚

水瓶座對 12 星座戀人的一句吐槽

白羊以你的智商，我很難跟你解釋！

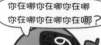

金牛又吃這一家嗎？

雙子你同步率再高點就好了！

巨蟹你是寄生蟲吧？

獅子你也太幼稚了吧！

處女你別管我！

天秤你這娘娘腔！

天蠍你反應太大了吧？

射手你激動有用嗎？

摩羯你這木頭人！

水瓶你還是太年輕了！

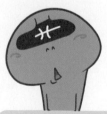

雙魚我很難和你溝通！

咖啡廳篇

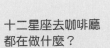

十二星座去咖啡廳
都在做什麼？
一起來看看吧！

專心喝你的咖啡！
不要偷聽別人說話！

―14―

下一頁！

一小時後⋯⋯

♈ 白羊
♉ 金牛
♊ 雙子
♋ 巨蟹
♌ 獅子
♍ 處女
♎ 天秤
♏ 天蠍
♐ 射手
♑ 摩羯
♒ 水瓶
♓ 雙魚

白羊
金牛
雙子
巨蟹
獅子
處女
天秤
天蠍
射手
摩羯
水瓶
雙魚

服務生～
我要一杯黑咖啡！

服務生～
我要一杯拿鐵！

那個誰～我要
一杯英格蘭咖啡！

跟你說喔～要喝就喝黑咖
啡，精英都愛喝黑咖啡啊！

可是英格蘭咖啡有
威士忌在裡面呀！

白羊座

獅子座

我覺得人應該要
努力向上才對！

射手座

我先走了，
下次再約吧！

呀！這麼快！

加威士忌的不是
愛爾蘭咖啡嗎？

你家的英格蘭偷工
減料，我家的一定加！

你看看我上次
拍的照片呀！

白羊來得快去得也快，
很少在咖啡廳久留。

獅子去咖啡廳找朋友為主，
順便分享無用的人生經驗。

射手隨心所欲，想去就去，
大多點新口味或非主流咖啡。

對立篇

變革與穩定，
在兩種不同的立場上，
十二星座如何表態。

To be

Not to be

15

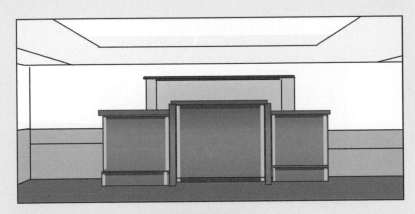

下一頁!

我反對！

穩定與和諧是離不開規矩的，倘若社會安定，何必無事生事？

天秤座

你們這些人，怎麼老是想著唱反調！

現在我大清政府有啥不好？跟著政府走有肉吃你懂不懂？

摩羯座

處女座

我們看數據說話！現在人人有飯吃，GDP 高了 168% 有啥不好！

反對無理變法！

你們是不是要搞到國破家亡才高興！

沒有規矩不成方圓，保守派三人組

白羊
金牛
雙子
巨蟹
獅子
處女
天秤
天蠍
射手
摩羯
水瓶
雙魚

白羊
金牛
雙子
巨蟹
獅子
處女
天秤
天蠍
射手
摩羯
水瓶
雙魚

白羊
金牛
雙子
巨蟹
獅子
處女
天秤
天蠍
射手
摩羯
水瓶
雙魚

人不為己，
天誅地滅呀！

所以幫你們不是
問題，問題是我
有什麼回報？

權位什麼的
我不看重～

但比如兩層樓高的別墅，
附帶花園什麼的～

答應了我就
站你這邊吧！

不要理那個
瘋子快走吧！

同意。

審時度勢爭取最大利益的人

怎麼好像還是
少了個人？
還有誰呢？

不好意思……

對耶！還有雙魚！

你過來我們
這一邊吧！

其實……
我是想

我是想問
COURT是什麼意思？

連狀況都沒搞清楚
就上了戰場的雙魚座

網路篇

網路時代帶給十二星座
最大的好處是什麼？

—16—

白羊

金牛

雙子

巨蟹

獅子

處女

天秤

天蠍

射手

摩羯

水瓶

雙魚

白羊座：隨時可以找到人。

喔～老大找我們呢！

我也收到耶～

一起來開派對吧！

金秀秀高清無碼藍光版耶～

金牛座：網路音樂、電影各種資源無限下載。

四月天音樂會	下載	2.6GB
周杰輪高清音樂	下載	10GB
蒼井淫高清有碼 AVI	下載	0.7GB

美少女與午餐肉
點擊下載

點擊下載　免費下載　高清下載
迅速下載　滾化下載　大風下載

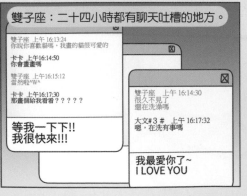

雙子座：二十四小時都有聊天吐槽的地方。

雙子座　上午 16:13:24
你說你喜歡貓嗎，我畫的貓很可愛的

卡卡　上午 16:14:50
你會畫畫嗎

雙子座　上午 16:15:12
當然啦^V^

卡卡　上午16:17:30
那畫個給我看看？？？？？

等我一下下!!
我很快來!!!

雙子座　上午 16:14:30
很久不見了
還在洗澡嗎

大文#3 #　上午 16:17:32
嗯，在洗有事嗎

我最愛你了~
I LOVE YOU

鍵盤不夠用了!!!!

巨蟹座：叫外送很方便。

獅子座：網路直播、發文，分享所見所聞。

處女座：可遠端工作。

131 下一頁！

我是雲按摩公司的按摩師。

我是天豬公司的清潔人員。

我是淘金公司的打氣員。

天秤座：能方便、快速使用各種服務。

不用冒著跟蹤的風險～呵呵呵～太好了！

駭客也是犯法的！

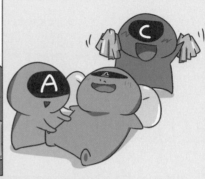

天蠍座：可以在網路上調查別人。

姓名：陳信宏
年齡：20 + 3(25÷5×4)
星座：射手
血型：畸型
職業：漫畫社主編
座右銘：可以坐就不要站
偶像：PIEPIE
目標：爭取萬聖節成為勞工假
特長：剪毛
電話：三年前買的
地址：地鐵站右轉2樓B座

射手座：躺在家也能環遊世界。

可泥支娃～～

摩羯座：發展一項網路事業。

做點手工。

拍個照。

發上網。

賣出去。

油炸豆腐配大蔥同好會

我已年滿 18 歲　　進入

水瓶座：在網路上建立社群，
　　　　找出興趣一致的人。

你最近不是發年終獎金了嗎？我們
一起去 HAPPY HAPPY 一下吧～

雙魚座：豐富生活，找到更多夢想。

白羊
金牛
雙子
巨蟹
獅子
處女
天秤
天蠍
射手
摩羯
水瓶
雙魚

雙魚座對 12 星座戀人的一句吐槽

白羊你吵什麼！

金牛你很無趣！

雙子你能不能記住
你說過了什麼！

巨蟹你為什麼不能理解我！

獅子你有什麼不滿！

處女你什麼都不說！

天秤你這是歪理！

天蠍你很自私耶！

射手別隨便喊 PASS！

摩羯你又穿這件呀！

水瓶你看得起我嗎！

雙魚你不能跟我一樣懶！

洗版篇

十二星座誰才是洗版達人？
來發文吧！

白羊
金牛
雙子
巨蟹
獅子
處女
天秤
天蠍
射手
摩羯
水瓶
雙魚

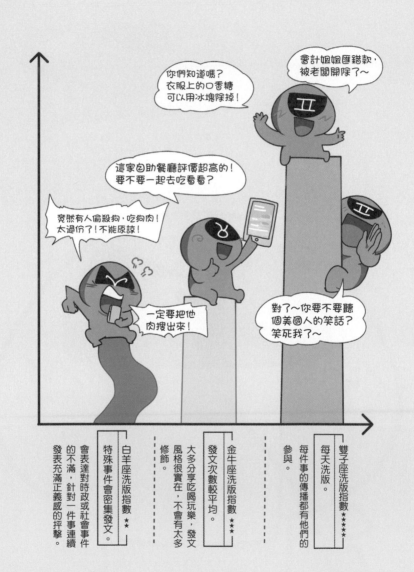

白羊座洗版指數 ★★
特殊事件會密集發文。
會表達對時政或社會事件的不滿，針對一件事連續發表充滿正義感的抨擊。

金牛座洗版指數 ★★★
發文次數較平均。
大多分享吃喝玩樂，發文風格很真實，不會有太多修飾。

雙子座洗版指數 ★★★★★
每天洗版。
每件事的傳播都有他們的參與。

玫瑰花的花語是熱情的愛～下次他就會知道我的心意吧～

怎麼可能草帽會打不過美隊！草帽可是有4段霸氣的超級撒亞人呢！

你怎麼可以反過來說！你這人邏輯有問題！我沒辦法和你溝通！

美美隊長必勝！草帽必敗！

巨蟹分享了卡文的《最愛亞力亞》你看～你看看～

我的心～就像花一樣開得燦爛～

白羊
金牛
雙子
巨蟹
獅子
處女
天秤
天蠍
射手
摩羯
水瓶
雙魚

巨蟹座洗版指數 ★★★★★
一天洗版，但又好幾天不發文。分享歌詞、名言，表達自己的情感，但其實每一則都是寫給某一個人看。

獅子座洗版指數 ★★★
時常在別人的貼文底下，頻繁、積極、長篇大論的發布對立留言。

處女座洗版指數 ★
發文次數較少。通常不會評論，怕說了會後悔，通常有私密帳號。發文次數較平均。

♈ 白羊
♉ 金牛
♊ 雙子
♋ 巨蟹
♌ 獅子
♍ 處女
♎ 天秤
♏ 天蠍
♐ 射手
♑ 摩羯
♒ 水瓶
♓ 雙魚

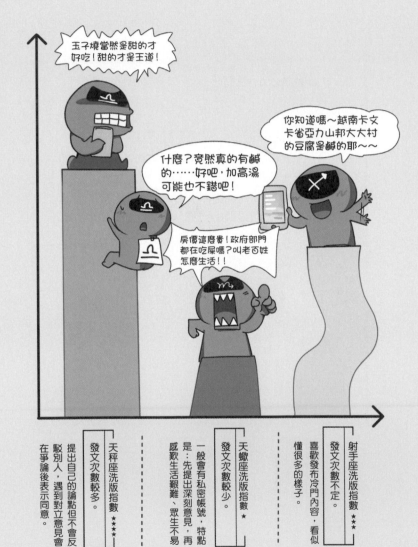

特工篇

十二星座改行做特工了！
誰會成為最強特工？
一起來開戰吧！

白羊座：最能打的特工。

白羊

金牛

雙子

巨蟹

獅子

處女

天秤

天蠍

射手

摩羯

水瓶

雙魚

做特工起碼要一架噴射機！

獅子座：最土豪特工。

還要一輛各種道具的跑車！

這才是特工呀！

駁回！你們兩個從明天起，調到後勤部隊洗廁所吧！

什麼鬼！

憑什麼你能決定！！

因為在你們出生入死時，我已升到高階管理層，每天吹冷氣等退休～呵呵呵～

特工之王！
超級特工
經理特工
保安特工
擦她特工

金牛座：最長期特工。

除非把我們打倒！否則我們不服！

HP-1

HP-1

可惡！是誰在暗算我！

哈哈哈 就憑你們？想成為最佳特工？未免太可笑吧～

最佳特工！必定是我們天水魚其中一人！

天秤座
水瓶座
雙魚座

那你們有啥本事？

比如剛剛就是用我發明的 要你命 3000 把他們打倒！這次最佳特工是我吧！

閣西你回去耕田吧！下一位～

水瓶座：最天才特工。

白羊
金牛
雙子
巨蟹
獅子
處女
天秤
天蠍
射手
摩羯
水瓶
雙魚

白羊
金牛
雙子
巨蟹
獅子
處女
天秤
天蠍
射手
摩羯
水瓶
雙魚

早說了玩科技的沒前途！

我還有太陽能手電筒呢～

只要使用我的美人計～沒有搞不定的情報～

天秤座：最美特工。

可惜現在流行偽娘，妳沒機會了，下一位～

偽娘什麼的最討厭了！

你們不要灰心，還有我呢！

其實真正的特務就應該像我一樣，大隱隱於市！才稱得上是最佳特工！

表面上是一個唏噓的豬肉販，但其實是國家派來的特務～

最近收集到的情報有豬肉20元1磅～

你順便可以去做坎坷的菜販，走吧！

雙魚座：最會化身特工。

怎麼沒有一個人能承擔重任？雙子你不來選最佳特工嗎？

我嗎？不用了～

喂，你們很礙事耶！

其實嘛……

為什麼？像你這麼出色，肯定可以的！

表面上我是Ａ國派到Ｂ國的特工，實際上我是Ｃ國派來竊取Ａ、Ｂ國情報的特工呢！

所以你是叛徒囉？

呀呢？

我開玩笑的啦！救命呀！我不敢了！

既然他們都不行，最佳特工非我莫屬了！

雙子座：多重角色特工。

那你又憑什麼呀？

白羊 金牛 雙子 巨蟹 獅子 處女 天秤 天蠍 射手 摩羯 水瓶 雙魚

白羊
金牛
雙子
巨蟹
獅子
處女
天秤
天蠍
射手
摩羯
水瓶
雙魚

我早已潛入敵人之中！用真情實感打動對方～

老C～這個薩德你要放哪？

韓國吧～

巨蟹座：最有愛特工。

可是射手也是用同樣方法，他也該拿獎了～

救命呀！

你不是說只愛我一個嗎!?你給我站住！

他就是太易段感情，和太易對手談戀愛被追到回不了國……

好吧……

看來今年最佳特工得主已有答案了～

那我們先喝一杯～提前幫你慶祝吧～

請你喝一杯～

好呀！

我也要！

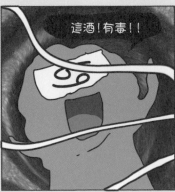

這酒！有毒！！

下一頁！

果然最後笑得最燦爛，
就是最大意的時候，呵呵呵～

報告長官，敵方所有
特工已消滅！

天蠍座：最擅長心理戰的特工。由於深入瞭解對方心理，
把所有事情提前鋪陳好，從而成功完成任務。

欠錢篇

十二星座遇上欠錢不還
要怎樣追債?一起來看看吧!

-19-

下一頁！

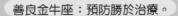

善良金牛座：預防勝於治療。

我從來不借錢給人的～
所以沒有這個困擾！

邪惡金牛座：百倍利息逐日計算！

九出十三歸！
你借了八天不還，
四捨五入收你
兩億好了！

明天下午兩點以前
不還錢你就死定了！

白羊
金牛
雙子
巨蟹
獅子
處女
天秤
天蠍
射手
摩羯
水瓶
雙魚

白羊
金牛
雙子
巨蟹
獅子
處女
天秤
天蠍
射手
摩羯
水瓶
雙魚

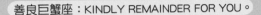

善良巨蟹座：KINDLY REMAINDER FOR YOU。

你上次借我的錢方便還我嗎？

就是上星期吃飯的時候～

邪惡巨蟹座：找他的朋友／家人投訴。

那魔物跟我借了錢不還！

錢又不是我借的！

這還有王法嗎！

我勸你跟這種人絕交吧！

下一頁！

白羊

金牛

雙子

巨蟹

獅子

處女

天秤

天蠍

射手

摩羯

水瓶

雙魚

善良天蠍座：威脅對方。

你再不還錢，你這
Ｇ仔就死定了！

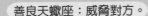

邪惡天蠍座：先撕票然後繼續要脅對方。

再不還錢這個
Ｇ仔的下場就跟
地上的一樣！

白羊

金牛

雙子

巨蟹

獅子

處女

天秤

天蠍

射手

摩羯

水瓶

雙魚

善良射手座：早就忘了。

我竟然會有錢
借給別人？？
不可能吧？

有這事我都不知道？

邪惡射手座：直接消費找對方買單。

這牛排當利息好了～
記得下星期把本金也還了～

這4A級和牛至少500元！！
利息也太多了吧！

誰叫你不還錢！

白羊 金牛 雙子 巨蟹 獅子 處女 天秤 天蠍 射手 摩羯 水瓶 雙魚

下一頁!

善良雙魚座：找個理由希望對方還錢。

你都知道啦～
我家的貓糧
很貴啦～

我最近有點
周轉不過來～

你能不能先
把錢還給我呢？

邪惡雙魚座：找一堆朋友一起討債。

欠債的就是你？

你別哭，我們
來就可以了！

太過份了吧？

白羊

金牛

雙子

巨蟹

獅子

虛女

天枰

天蠍

射手

摩羯

水瓶

雙魚

PIEPIE 的感謝語

很感謝一直支持我的你，以及每一位的讀者。

Pie

大家是否已經把星座大戰 1、2、3、4 都收集齊了呢？

是不是很想馬上看到星座大戰 5 部曲呢？

那我們下一本再見啦！

妳沒梗啦？

Pie

"隨書附送" 星座漫畫製作現場

我的 BRA 明明沒有隨便放，你不要亂加！

Pie

漫畫助手兼男友

π

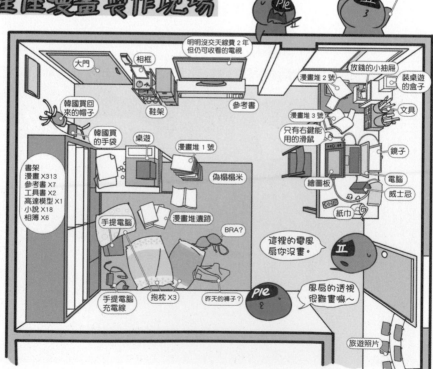

明明沒交天線費 2 年但仍可收看的電視

大門

相框

鞋架

參考書

韓國買回來的帽子

韓國買的手袋

桌遊

漫畫堆 1 號

偽榻榻米

書架
漫畫 X313
參考書 X7
工具書 X2
高達模型 X1
小說 X18
相簿 X6

手提電腦

漫畫堆遺跡

BRA?

手提電腦充電線

抱枕 X3

昨天的褲子

Pie

放錢的小抽屜

漫畫堆 2 號

裝桌遊的盒子

文具

漫畫堆 3 號

只有右鍵能用的滑鼠

繪圖板

鏡子

電腦

威士忌

紙巾

這裡的電風扇你沒畫。

π

風扇的透視很難畫嘛～

旅遊照片

我們下一集見！

好書推薦！

《星座大戰 2 部曲》

★一本漫畫讀懂 12 星座，
　一場星戰笑死全宇宙！

投票拜票、耶誕跨年、
過年發紅包、春節打麻將，
玩臉書、開餐廳、養寵物、
丟垃圾、交友戀愛、性格弱點……
震撼星際、穿透時空的爆笑漫畫，
讓你徹底看穿 12 星座的可愛與可恨！

定價：240 元

《星座大戰 3 部曲》

★12 星人又來鬧，
　地球人笑趴隨地倒！

去約會、看電影，理想戀人哪一款？
搞失蹤、發酒瘋，跌倒如何爬起來！
中肯犀利的性格剖析，令人捧腹的狀況百出。
還有 12 星人藏在內心已久的真心話！
看完讓人忍不住拇指叩頭！
「沒錯！！這就是 XX 座啊！」

定價：250 元

請多多支持喔！

pie

FUN 041

星座大戰 4 部曲

作　　　者　PIEPIE ♓
主　　　編　陳信宏 ♐
責 任 編 輯　王瓊苹 ♍
責 任 企 畫　曾俊凱 ♎
美 術 協 助　亞樂設計 ♎
校　　　對　陳彥蓉 ♍、謝杏旻 ♋

總 編 輯　李采洪 ♍
董 事 長　趙政岷 ♐
出 版 者　時報文化出版企業股份有限公司

　　　　　　108019　臺北市和平西路 3 段 240 號 3 樓
　　　　　　發行專線－（02）2306-6842
　　　　　　讀者服務專線－（0800）231-705・（02）2304-7103
　　　　　　讀者服務傳真－（02）2304-6858
　　　　　　郵撥－ 19344724　時報文化出版公司
　　　　　　信箱－ 10899 臺北華江橋郵局第 99 信箱

時 報 悅 讀 網　http://www.readingtimes.com.tw
讀 者 服 務 信 箱　newlife@readingtimes.com.tw
時報愛讀者粉絲團　http://www.facebook.com/readingtimes.2
法 律 顧 問　理律法律事務所 陳長文律師、李念祖律師
印　　　刷　和楹印刷有限公司
初 版 一 刷　2017 年 10 月 13 日
初 版 五 刷　2021 年 6 月 16 日
定　　　價　新臺幣 250 元

星座大戰 . 4 部曲 / Piepie 作 . -- 初版 . -- 臺北市：
時報文化 , 2017.10
　　面；　公分 . -- (Fun 系列；41)
ISBN 978-957-13-7134-4(平裝)

1. 占星術 2. 通俗作品

292.22　　　　　　　　　　106015713

ISBN 978-957-13-7134-4
Printed in Taiwan